Antonio Mascello

I Monumenti della Patria in Territorio Modenese

Come i sacrifici fatti per unire l'Italia lasciarono segno nelle vie e nelle piazze di città e paesi.

I Monumenti della Patria in Territorio Modenese

Indice

L'indice segue l'ordine cronologico degli eventi cui i monumenti si riferiscono. Per questo varie località sono citate più volte In qualche caso, particolarmente significativo, è specificato il monumento cui si riferisce.

Modena. Emilio Lepido, 5, San Possidonio, Don Andreoli 6, Modena. Ciro Menotti, Anacarsi Nardi, Giuseppe Andreoli, Giuseppe Ricci 7, 8, 9, 10, 11, Giuseppe Mazzini 12, Nicola Fabrizi 13, 14, 15, Carpi, Manfredo Fanti, 16, Modena, Lapide Ciro Menotti e Compagni, Statue dei Garibaldini,17, 18, 19, Vignola, Lapide testa di Garibaldi, 20, Finale Emilia. Monumento Garibaldi, 21, Castelvetro. Busto Cialdini, 22, Modena. Monumento a Vittorio Emanuele II, 23, 24, Carpi Lapidi Commemorative 25, Castelvetro 26, Guiglia 27, Formigine 28, Lama Mocogno 29, Albareto 30, Camposanto 31, Castelfranco 32, Fanano 33, Finale Emilia 34, Gaggio in Piano 35, Fossoli 36, Magreta 37,38, Mirandola 39, Ospitale 40, S. Cesario Sul Panaro 41, S. Giacomo Roncole 42, S. Pietro in Elda 43, Pavullo 44, Trignano 45, Sestola 46, Concordia Sulla Secchia 47, 48, Modena, Monumento ai Caduti, 49, 50, 51, 52, Tempio dei Caduti 53, Vignola 54. Festà, 55, Verica, 56, Rocchetta Sandri 57, Montecreto 58, Barigazzo 59, Frassineti 60, S. Prospero 61, Savignano 62, Modena 63, Prignano 64, 65, 66, Polinago 67, Palagano 68, Monchio,69, 70, Montefiorino 71, Farneta 72, Frassinoro, 73, 74, Piandelagotti 75, S. Anna Pelago 76, Riolunato 77, Modena 78, 79, 80, 81, Pavullo 82, Rovereto 83, Zocca 84, Maserno 85, Roccamalatina 86, Pievepelago 87, Modena 88, Montese 89, 90, Sassuolo 91, Massa Finalese 92, Carpi 93, Sassuolo 94, San Felice sul Panaro 95, 96, Sassuolo 97, Cavezzo 98.

Premessa

Questa documentazione dei monumenti che, in Modena e nel suo territorio, ricorda le vicende che hanno portato all'unità della Patria, è stata raccolta per preservare, a fronte di possibili offese, la memoria di opere nelle quali si è materializzato, forte, il sentimento delle comunità, partecipi dei fini e sofferenti per le perdite che fatti bellici od insurrezionali avevano provocato.

Dunque un lavoro che si colloca solo casualmente nel tempo del celebrazioni dei 150 anni dall'Unità d'Italia ma che nasce dal timore di veder distrutte memorie che, qua e là, sotto pretesti vari, si era, negli scorsi anni, cominciato a cancellare, (ad onore di chi amministra, le nostre contrade, non hanno dovuto assistere a ribalderie di questo tipo).

Nel peregrinare nel territorio di Modena ho fatto pace con molti autori dei monumenti presenti nelle nostre contrade ed ho scoperto significati, richiami ed elementi di dignità estetica nelle loro opere che, in precedenza, avevo spregiato. Inoltre, in un centinaio di segni, lasciati dalle Comunità alla memoria dei posteri, sui quali sono stato costretto dal lavoro a meditare, ho trovato, fra le genti del modenese, radici di dignità nel dolore e di consapevolezza di ideali patriottici, cristiani e di fratellanza universale fra i popoli. Anche questo non conoscevo. Spero che i fatti occorsi dal tempo nel quale quei monumenti furono alzati non le abbia essiccate.

Ho raccolto, grazie all'opera di fotografo di Fiorella Buonagurelli, le immagini delle opere che sono state dedicate alle vicende precedenti le guerre di indipendenza, a Modena particolarmente significative quelle del martirio di don Andreoli, prima per tempo, e di Ciro Menotti.

Ringrazio, per altre collaborazioni fotografiche, Masha Conrad e Stefano Belfiori.

Ringrazio Giulio Concas che ha reso possibile la pubblicazione informatica di queste e schede.

Di seguito ho documentato ciò che ricorda le prime due guerre d'Indipendenza, le gesta dei garibaldini, il conflitto del 1866 e quello per l'unione di Roma al paese.

Essendosi però l'unità fisica del territorio italiano compiuta con la "Grande Guerra" e con l'unione di Trento e Trieste al territorio, ho tentato di testimoniare anche ciò che rammenta quelle vicende.

Non vi è altro, anche se città e paesi portano forti i segni di fatti, grandi e terribili, successivamente occorsi. Li ho tralasciati in quanto gli obbiettivi di chi si batteva, seppur altrettanto nobili, erano differenti da quelli di chi cercava di riunire una terra da secoli divisa.

Ho soltanto incluso un omaggio a due soldati, che, con azioni e teatri operativi diversissimi fra loro, nell'ora più buia, quella nella quale la coscienza collettiva ed il generale sentire di cosa fossero Bene e Male parevano smarriti, con decisioni assunte in totale solitudine personale, mostrarono, avverso ad ogni sopraffazione, quanto possa e debba la dignità umana: il Generale Ugo Ferrero che, con la difesa del Palazzo Ducale di Sassuolo, attuò il primo episodio organizzato di Resistenza dell'Esercito Italiano e l'Ammiraglio Carlo Bergamini, sanfeliciano, perito con la corazzata Roma mentre salvava, raggiungendo porti Alleati, da tedeschi e fascisti, la Flotta da Battaglia.

Ho infine citato, anche se privo di riferimento locale ma per il valore universale del suo messaggio, quanto è stato dedicato al carabiniere Salvo d'Acquisto, sacrificatosi volontariamente per salvare la vita di ostaggi, come esempio di sentimenti di pietà e di amore che sono monumento a ciò che un soldato italiano, credente cattolico, ha compiuto.

Antonio Mascello

Modena, autunno del 2011.

Marco Emilio Lepido, statua collocata presso la porta principale del Palazzo ducale. Opera dello scultore reggiano Prospero Sogari Spani Clementi, (1516-1584). L'opera è un tributo alle origini romane della città. Emilio Lepido fu console di Roma dal 187 al 175 a. c. Compì imprese civili e militari, costruì la via Emilia, che da lui ebbe nome e che, in seguito, identificò l'intera regione. Fondò Modena, come colonia di "Mutina", nel 183 a. c. La scultura è un colto lavoro barocco.

S. Possidonio. Monumento, lavoro dello scultore modenese Alfredo Gualdi, (1855-1958), dedicato a don Giuseppe Andreoli, prima vittima, nel 1822, caduta per la causa italiana, del duca di Modena Francesco IV. Il complesso, eretto nel 1922,sintetizza felicemente il tributo, nell'anno centenario della sua morte, al sacerdote, originario del luogo, con quello ai caduti per l'unità della Patria, che si era,all'epoca,da poco conclusa col termine della "Grande Guerra" Il soldato, dall'equipaggiamento molto improbabile durante il conflitto 1915-1918, se non per l'elmetto, che consente di identificarlo con un militare italiano del periodo, e l'"Italia", fanno abbondanti concessioni alla retorica Suggestiva la figura di don Andreoli.

Ciro Menotti, (1798-1831), guarda, statua di Cesare Sighinolfi modenese, (1833-1902), indignato al balcone del duca Francesco IV che dopo averlo ingannato e tradito lo mandò a morte. Il monumento è collocato in modo urbanisticamente felice ed esprime in modo completo e trasparente la vicenda dell'Eroe modenese giustamente associato ad altri quattro martiri locali del risorgimento, raffigurati negli eleganti e composti medaglioni del basamento.

Monumento a Ciro Menotti, Particolare. Ritratto di Anacarsi Nardi, (1800-1844), patriota originario di Licciana, Lunigiana,(oggi"Licciana Nardi" in onore suo e dello zio Biagio). Fu lo che, divenuto capo del locale governo provvisorio succeduto al duca fuggito a seguito dei fatti del 1831,che lo volle segretario della propria amministrazione. Scampato alla vendetta di Francesco IV, dopo varie vicende, fu fucilato dai borbonici assieme ai fratelli Bandiera nel vallone di Rovito dopo il fallimento della spedizione del 1844 volta a liberare il Regno delle due Sicilie.

Monumento a Ciro Menotti. Medaglione-ritratto di don Giuseppe Andreoli. Don Andreoli, ovviamente non partecipe all'opera del Menotti, successiva alla sua morte, è giustamente rappresentato, in quanto primo martire modenese del risorgimento, assieme a Ciro Menotti.

Medaglione di Vincenzo Borelli. Notaio in Modena, stilò materialmente un atto col quale il Governo Provvisorio della città dichiarava decaduto il duca dopo il fatti del febbraio 1831. Curioso che un governo rivoluzionario sentisse la necessità di asseverare con un atto notarile un proprio atto meramente politico. Il duca, che non doveva aver gradito il rifiuto, opposto dal Borelli, ad una sua certa nomina, lo fece impiccare con ignominia per la stesura cui si era prestato. Così Borelli, senza averne fatto richiesta, entrò a far parte della schiera dei martiri del Risorgimento.

Monumento a Ciro Menotti, particolare. Ritratto di Giuseppe Ricci modenese. Il Ricci, per sentimenti e storia personale fedele al duca Francesco IV, fu fatto fucilare ugualmente sotto infamanti accuse, nel 1832, per le calunnie di uno scherano del duca, tale ministro Riccini, col quale aveva avuto un diverbio ed a cui aveva elargito un ceffone. La sua morte è prova di come nessuno possa dirsi sicuro quando il governo sia rimesso all'arbitrio di uno solo. Il Ricci fu, nel 1865, riabilitato dalla sentenza di un tribunale italiano.

Modena, monumento a Giuseppe Mazzini, opera dello scultore Giuseppe Grandi da Varese, (1843-1894). L'opera, di iniziativa privata, in specie di Arrigo Guiglia, cultore della tradizione e delle idee del Mazzini, non casualmente è collocata, sul fianco della Sinagoga cittadina, in una piazza dedicata al grande patriota, realizzata ove sorgeva il ghetto ebraico di Modena. L'unità d'Italia segnò, a Modena, l'affrancamento degli ebrei che, liberati da Napoleone, il duca aveva nuovamente rinchiuso in ghetto. All'interno della Sinagoga, (nell'immagine la si vede sullo sfondo), una lapide, in lingua ebraica ed italiana, recita: A Vittorio Emanuele II, redentore della Patria, instauratore di civile uguaglianza, dell'unità, indipendenza, libertà nazionale esempio ai re, ammirazione dei popoli, amore e orgoglio d'Italia, gli israeliti di Modena nelle esequie di sua grande anima. Addì 24 gennaio 1878. Un poco forzata stilisticamente per i tempi odierni, la scritta testimonia l'entusiasmo di quanti, per secoli discriminati, rinchiusi e spesso perseguitati, si videro attribuire i medesimi diritti e doveri di tutte le altre persone.

Modena, Giardini Pubblici, monumento a Nicola Fabrizi, opera dello scultore genovese Francesco Fasce, (1858-1902). Nicola Fabrizi (1804-1885), modenese d'adozione, fu soldato con Garibaldi. Congiurato con Menotti, fu in seguito vicino a Mazzini. Generale e deputato al Parlamento Italiano, condusse in modo attivo una sua certa vita associativa. Il ritratto, inusuale per il genere, trasmette il malinconico raccoglimento di chi medita su una combattuta giornata e forse spinge il pensiero alla caducità stessa di tute le cose umane. La postura è solenne senza esser retorica. Sullo sfondo la cupola principale e due di quelle laterali del Tempio dei Caduti.

Monumento a Nicola Fabrizi. Particolare. Bassorilievo, posto sul lato sud del basamento, raffigurante un episodio della battaglia di Mentana. Un poco di genere lo schema del tipo, abbastanza frequente di " Coraggio, andate, i nemici sono da quella parte!", quando si sottintende, "tutto sembrava perduto...". Questa parte del complesso monumentale è forse la meno felice.

Monumento a Nicola Fabrizi. Particolare. Bassorilievo posto sulla parete nord del basamento. Il patriota è raffigurato, in tranquilla dignità mentre sta in carcere per aver partecipato alla fallita impresa di Ciro Menotti. Quasi fiammingo, nella ricerca del dettaglio, il particolare della guardia che lo osserva dallo spioncino della porta.

Carpi. Monumento al generale Manfredo Fanti, (1806-1865). Opera dello scultore fiorentino Cesare Zocchi, (1851-1922). Manfredo Fanti, impegnato nei moti seguiti alla rivoluzione tentata da C. Menotti, ebbe un importante carriera militare in Italia ed in Spagna. Combatté in Crimea. Fu un protagonista della prima e della seconda guerra d'Indipendenza. Giocò un ruolo determinante nell'annessione alla Patria delle regioni centrali e meridionali. Matematico ed ingegnere fu stimato cultore di discipline scientifiche.

Modena. Corso Canalgrande n.90. La targa dedicata a Ciro Menotti ed agli eroi della notte del 3 febbraio 1831. Dice: Il 3 febbraio 1831, Ciro Menotti ribelle nel nome d'Italia e di Libertà a Francesco IV in questa casa assalito dal duce, sopraffatto dal numero invano strenuamente si difese con questi suoi compagni di fede e di coraggio: Gaetano Benatti, Giuseppe Bertelli, Giacomo Bignardi, Federico Bonetti, Carlo Brevini, Costante Buffagni, Francesco Casali, Giuseppe Castelli, Silvestro Castiglioni, Michele Carani, Pietro Cavani, Federico Della Casa, Carlo Fabrizi, Sigismondo Giberti, Luigi Fabrizi, Gaetano Fanti, Manfredo Fanti, Lorenzo Ferrari, Giacomo Franchini, Giuseppe Franchini, Antonio Giacomozzi, Angelo Gibertoni, Bernardo Giugni, Felice Leonelli, Luigi Loschi, Francesco Malagoli, Giuseppe Manfredini, Angelo Manni, Nicola Manzini, Domenico Martinelli, Paolo Martinelli, Ignazio Rizzi, Giovan Battista Ruffini, Giuseppe Savigni, Andrea Sereni, Giuseppe Storchi, Angelo Usiglio, Raimondo Vandelli, Giuseppe Varroni, Felice Vecchi, Paolo Vitali, Sante Volpi. Il Municipio..(etc), 2 marzo 1896. Pur rischiando una critica per pedanteria riportiamo l'intero elenco di quanti erano con Ciro Menotti nel momento della lotta. Esso esplicita, da molti nomi, quale vivaio di uomini del Risorgimento sia stato il magistero del Menotti. Al contempo, dalla presenza, fra i cognomi, della più gran parte di quelli anche attuali, delle famiglie "da sempre" modenesi, mostra quanto ormai, nel 1831, fosse radicata, in città e nel territorio, l'opposizione al tiranno. Molti, a Modena, trovando il proprio cognome fra quelli menzionati, riceveranno da ciò antidoto alla tentazione di piegarsi davanti ai nemici della libertà e dell'unità del Paese.

Modena. Parco cittadino. Monumento dedicato ai garibaldini. Opera dello scultoree pittore modenese Silvestro Barberini, (1854-1916). Il lavoro è una delle due sculture, a medesimo tema già installate, (altrove), nel 1893. Sono nel luogo dal 1924. Forse non sono il meglio di quanto il B. realizzò.

Scultura gemella della precedente, collocata nel medesimo luogo. Condivide con l'altra il tono un poco enfatico e la non soverchia indagine dei personaggi, appiattiti a figure stereotipate.

Vignola. Lapide con busto dedicato a Giuseppe Garibaldi.

Finale Emilia. Monumento a Giuseppe Garibaldi. La struttura certamente voluta, cita una erma greca classica, di quelle che si dedicavano a dei, semi-dei od eroi.

Castelvetro, busto del generale Enrico Cialdini, (1811-1982), originario del luogo. Opera puntuale e felice dello scultore, (pittore ed incisore), Giuseppe Graziosi, (1879-1942). Enrico Cialdini, patriota ed illustre soldato, compì molte azioni importanti. Fu fra l'altro, vincitore della battaglia di Castelfidardo e Duca di Gaeta. Combatté nella prima e nella seconda guerra di indipendenza. Vinse il brigantaggio nel Sud del paese. Uomo sempre fedele alle istituzioni fermò, per ordine ricevuto, il tentativo di Garibaldi all'Aspromonte il 29 agosto 1862 ("Garibaldi fu ferito..").

Monumento al re Vittorio Emanuele II, opera dello scultore modenese Giuseppe Gibellini (è il maestro del più celebre Graziosi). L'opera del 1890, è nel sito attuale dal 1934. A basso una figura femminile rappresenta l'Italia. Sul retro c'è un bel leone nascosto da una macchia di piante (è l'immagine della nostra copertina). Tra le scritte si noti l'espressione, "Re Eletto". Era una novità non da poco, in tempi sino ai quali a nessuno chiedeva al popolo chi voleva che fossero i suoi sovrani, cosa che i "plebisciti di annessione" avevano fatto puntualmente nei giorni dell'unità del paese.

Modena. Monumento a Vittorio Emanuele II. Particolare.

Carpi. Lapidi collocate sulla facciata del Palazzo dei Pio, reggia dei signori locali. Una ricorda i caduti delle guerre d'indipendenza. L'altra, quella superiore, celebrativa dell'annessione di Roma all'Italia testimonia il buio intellettuale di certi furori anticlericali del XIX secolo.

Castelvetro. Stele commemorativa dedicata ai caduti di tutte le guerre. Sta nel piazzale antistante il cimitero, a ridosso della parte antica del paese.

Guglia. Stele commemorativa dedicata ai caduti di tutte le guerre. Pur risultando da un assieme di elementi non originali, dal basamento all'aquila, bella e ben fatta in se, che sormonta il tutto, si tratta di un'opera piacevole, se non altro per la felicissima posizione nella quale è collocata. Sta sul fondo di un ridotto slargo aperto ad un vasta veduta di appennino spalancata in direzione del paese di Zocca.

Formigine, monumento ai caduti. Insieme solenne e di grande impatto visivo. Una stele sorregge una ben tratteggiata immagine femminile, realizzata nello stile usuale dopo la I guerra mondiale. Alla base un globo di raffinata fattura raffigura la terra con ciò allargando, nel significato dell'assieme, l'atto del ricordo dei caduti ad un sentimento di pietà universale per tutti coloro che le guerre travolgono. Felice la collocazione del complesso, in zona centralissima ma discosta, sul fianco della chiesa principale del paese.

Lama Mocogno. Sacrario all'aperto dedicato ai caduti della prima guerra mondiale. La felice collocazione dell'installazione collocazione fa dell'ambiente naturale circostante, tipicamente montano, un elemento di serena continuazione del complesso quasi che le montagne accogliessero i propri caduti riabbracciandoli con gesto consolatorio.

Albareto. Sagrato parrocchiale. Monumento in onore dei caduti della prima guerra mondiale. L'aspetto della figura che sovrasta il tutto, realizzato in materiale deperibile, si è fortemente deteriorato. Ciò ne allevia l'impatto che, inizialmente, doveva essere piuttosto inquietante.

Camposanto. Stele monumentale dedicata ai caduti. L'opera, del 1949, in se stessa prevedibile ma è simbolicamente significativa. Per leggerne il significato occorre ricordare quanto il fiume Panaro ed il suo argine, contro il quale si colloca, fosse elemento unico e costante sia nella riconoscibilità del territorio, per il resto piatto, sia, per mille ragioni, nella vita delle popolazioni che attorno vivevano. Pertanto il manufatto, per il sito nel quale è collocato, evoca l'idea del "ritorno" dei caduti alla terra, ai luoghi, ai suoni ed agli affetti che li avevano visti nascere e trascorrere la loro, spesso povera e tribolata, esistenza.

Castelfranco Emilia. Complesso, del 1921, dedicato ai caduti della Grande Guerra. Nel sito attuale dal 1967. Opera dello scultore Silverio Montaguti, l'assieme turba. Infatti sacrario, pur non originale nell'ideazione è ben curato e la statua centrale tecnicamente ben fatta. Purtroppo, non sappiamo per idea di chi, il soldato, piuttosto che essere realistico, trasmettendo le sofferenze e le fatiche sostenute dal combattenti, impugna un improbabile spadone, forse a nobilitarlo od renderlo più "eroico". Ciò travolge, sul punto del particolare, la giusta commozione che l'assieme meriterebbe. Su un'occasione: infatti, non è dato sapere se volontariamente o per caso il combattente raffigurato non è il solito circa venticinquenne frequentemente raffigurato ma ha l'aria appesantita di quella massa di non più giovani "richiamati" che, con i "ragazzini" del "98" e del "99" riempirono le trincee, (ed i cimiteri), di quel conflitto dopo che il personale più idoneo alla leva fu assottigliato dai primi difficili anni di lotta.

Fanano. Monumento ai caduti della prima guerra mondiale. Imponente, solenne. Piuttosto enfatico il gesto del soldato. Il monumento è detto agli alpini ma nulla, nella foggia del combattente raffigurato sul culmine, lascia intendere che si tratti di un alpino.

Fontana monumento dedicata ai caduti della Prima Guerra Mondiale. Realizzata nel 1927 dallo scultore torinese, romano di adozione, Lugi de Stefanis, anche se con cedimenti verso pose retorica gladiatorie, coniuga il tema dell'acqua, intesa come continuità della natura pacificatrice della vita, col sacrificio dei combattenti, Particolarmente felice, in questo senso, la collocazione in una piazza alberata. Le statue, bronzee, rappresentano i temi del "Sacrificio" e della "Vittoria".

Gaggio in Piano, monumento ai caduti di tutte le guerre. Si tratta di una semplice struttura con altare, di fronte all'elenco dei nomi, collocata all'interno del perimetro del cimitero.

Obelisco monumentale in Fossoli dedicato a "Guerra Italo/Austriaca/1915-1918 salvaste l'Italia, non morirete mai". Chissà perché la Guerra contro gli imperi centrali, nella dedica era divenuta esclusivamente "Italo Austriaca". Pure, l'apporto di "altri" era stato determinante, anche sotto il profilo delle perdite subite dagli italiani. Si pensi a "Caporetto", un'azione, da parte nemica, di matrice, ma sopratutto d'impostazione, tedesca, ove la parte austriaca, pur statisticamente prevalente, fu confinata ai ruoli di completamento.

Magreta. Stele dedicata ai caduti. Austera nella sua estrema semplicità, porta la scritta, altrettanto semplice "Magreta ai suoi figli caduti in guerra". Molto efficace, proprio per il rifuggire da ogni elemento decorativo o retorico.

Magreta, adiacenza chiesa parrocchiale. A pochi metri dall'altro monumento. Stele dedicata, questa in specifico, ai caduti durante la prima guerra mondiale. Il tema della colonna tronca su di un basamento è, nelle contrade del modenese, abbastanza diffuso per questo tipo di installazioni.

Monumento al Garibaldino Mirandolese Francesco Montanari, caduto a Calatafimi nel 1860. Opera realizzata del poliedrico artista modenese Mario Adani in occasione del centenario dell'Unità d'Italia (1961). L'opera, ricca di citazioni, evidente quella del movimento Futurista, ha raccolto vasti consensi di critica senza, a tutt'oggi, essersi messa sulla lunghezza d'onda della generale sensibilità della cittadinanza.

Ospitale, area di Fanano. Installazione dedicata ai caduti della prima Guerra Mondiale. Anche se il simbolo della colonna tronca difetta di originalità pure le autentiche bombarde, che completano il complesso, portando una diretta, dura e concreta testimonianza fisica della guerra nelle trincee, rendono evocativo e suggestivo il complesso. Aumenta l'impatto emotivo la solennità selvaggia dei monti che fanno da sfondo.

S.Cesario sul Panaro. Monumento ai Caduti della "Grande Guerra". Una complessa struttura è completata da un bronzo di Giuseppe Graziosi, (1879-1842), simboleggiante la Patria o La Vittoria o, forse, semplicemente, una figura che rende omaggio. L'opera è del 1923. Anche se la maestria di Graziosi non manca di rivelarsi, pure la solennità del tema o la ricerca di un volto che trasmettesse, comunque, autorevolezza, non fanno di questo lavoro una delle più immediate, vive e spontanee opere del raffinato scultore modenese.

S.Giacomo Roncole, Mirandola. Installazione dedicata ai caduti di tutte le guerre. L'impianto è dignitose e solenne mentre i quattro proiettili d'artiglieria che lo delimitano rimandano visivamente ed emotivamente all'ambiente dei campi di battaglia. L' assieme si avvantaggia anche di altre attrattive storiche del sito, fra le quali quella dell'essere il grande edificio sullo sfondo,localmente, specie un tempo,detto "Il Casinone", stato la prima sede della "Comunità di Nomadelfia", epopea del cattolicesimo militante emiliano, incarnata dalla figura di don Zeno Saltini, (1900-1981).

S. Pietro in Elda, S. Prospero. Struttura commemorativa dedicata al caduti della prima guerra mondiale. La modestia della statua che completa il tronco di obelisco testimonia la grande partecipazione delle piccole comunità al dramma dei combattenti e la volontà di aver un segno di essa quanto più prossimo possibile, anche quando mancavano mezzi ed idee per alzare opere significative. E' singolare, in questa installazione, la somiglianza, per collocazione, orientamento, forma e dimensione, con quella di Albareto di Modena, distante, del resto, pochi chilometri.

Pavullo, lapide votiva dedicata ai caduti di tutte le guerre posta sulla facciata del palazzo municipale.

Trignano, (Fanano). Obelisco in pietra, innestato su una fontana, dedicato ai caduti della prima guerra mondiale. Il sito è molto suggestivo per l'ambiente naturale intatto che lo circonda.

Sestola. Lapide monumentale dedicata ai caduti di tutte le guerre. Il monumento è collocato in un ambiente ornato da una fontana monumentale posta in opera nel 1966 della quale si coglie nell'immagine un particolare nel bronzo raffigurante un fanciullo. Tuttavia l'unità di luogo è solo fisica. Il messaggio artistico della fontana e quello del monumento ai caduti non sono in reciproco rapporto.

Concordia. Installazione commemorativa dedicata ai caduti di tutte le guerre. Il cippo in pietra, con bassorilievo in bronzo realizzato nel 1993 da Lorenzo Cavazza, concordiese, fu posto per sostituire un monumento in bronzo alzato nel 1927 e rimosso nel 1943. Risente dello stile volutamente aspro, diffuso fra molti artisti di "impegno sociale" durante gli anni della "prima Repubblica".

Concordia, Residenza Comunale. Sacrario dedicato ai Caduti di tutte le guerre.

Modena, monumento ai caduti della "Grande Guerra". Opera, del 1926, dello scultore modenese Ermenegildo Luppi, (1877-1927). Il complesso ha grande impatto scenografico, sullo sfondo ad un grande viale della città. Molto efficace e di ottimo impianto comunicativo nelle quattro figure attorno al piedistallo.

Modena. Monumento ai caduti della prima guerra mondiale. Particolare: "il Combattente"

Modena. Monumento ai caduti della prima guerra mondiale. Particolari: "l'Addio" ed "il Sacrificio".

Modena. Monumento ai caduti. Particolare. L'"Offerta".

I Monumenti della Patria in Territorio Modenese

Modena. Tempio dei caduti di tutte le guerre. Abside. Il tempio fu alzato dall'ingegner Domenico Barbanti su progetto dell'architetto Achille Casanova fra il 1923 ed il 1929. Il portale, del 1931, come l'anta del ciborio, è opera dei modenesi Adamo e Rubens Pedrazzi. La lunetta che lo sovrasta fu dipinta da Evaristo Cappelli, modenese. Realizzò le vetrate Guglielmo da Re, milanese. Sui muri e sulle colonne della cripta, in un ambiente molto suggestivo, sono incisi i nomi dei 7300 modenesi caduti durante la "Grande Guerra". All'interno, un "Giovanni Battista" è di Giuseppe Graziosi.

di Antonio Mascello

Vignola. Monumento ai caduti di tutte le guerre. Opera del vignolese Luigi Bondioli, (1885-1957). Molte dello opere successive alle prima guerra mondiale, che appaiono oggi un poco enfatiche erano invece, all'epoca, puntuali interpreti della sensibilità generale, allora direttamente coinvolta nelle vicende trascorse. Ciò è tanto più vero per quest'opera, realizzata da chi la aveva, come il Bondioli, vissuto personalmente la "Grande Guerra", tornandone, fra l'altro, con una Medaglia al Valore.

Festà (un abitato del comune di Marano sul Panaro), ai suoi caduti valorosi nella "Grande Guerra 1915-1918". L'aquila, molto viva e credibile, che sormonta l'installazione è dello scultore e pittore Romano Buffagni.

Verica. Pavullo. Obelisco dedicato ai caduti. Particolare. Opera del pavullese Azelio Babbini, (1933-2003).

Rocchetta Sandri. Territorio di Sestola. Installazione commemorativa dedicata ai caduti in guerra. Il monumento è dedicato sia a quanti sono periti nella Grande Guerra che durante il secondo conflitto mondiale. Risale al 1971.

Montecreto. Monumento alla memoria dedicato ai caduti in guerra. Molto panoramica la posizione nella quale è collocato. Non originale il tema della colonna infranta.

Barigazzo, comune di Lama Mocogno. Un cippo dedicato ai caduti di tutte le guerre è sormontato dall'immagine della Madonna. Difficile dire se il fatto sia casuale o se si siano voluti affidare i caduti alla protezione della Madre del Signore. E' probabile la seconda ipotesi. Infatti la devozione mariana è molto sentita da queste parti e certo lo era anche maggiormente in passato. Il tutto nella speranza che non ci siano caduti non cattolici nell'area di Barigazzo.

Festà Frassineti, Pavullo. Stele dedicata ai caduti delle due guerre mondiali.

S. Prospero. Monumento dedicato ai caduti di tutte le guerre. E' difficile comprendere perché sia stata adottata la forma piramidale, non radicata nella tradizione italiana, a meno che qualche massone non abbia voluto tributar un omaggio alla sua.

Savignano. Monumento ai caduti. Si tratta di una installazione, posta un poco retoricamente, in "piazza della Pace", risultata dalla rimozione di elementi che, senza rispetto storico e stilistico, in prima fase, erano stati posti presso la porta medioevale del castello, nel borgo antico.

Modena. Monumento dedicato a Ciro Menotti nel luogo ove si crede fosse impiccato. Il medaglione marmoreo, opera dello scultore Carlo Cremaschi, riproduce una medaglia che i fuoriusciti italiani, nei giorni successivi al martirio del Menotti, fecero coniare in Parigi a memoria di lui e di Vincenzo Borelli. Il luogo fu scelto perché, nel 1914, mentre l'antica cittadella ducale, allora ancora esistente, era occupata da un reggimento di fanteria, a seguito di certi lavori edili, emersero i resti di due forche che il fervore patriottico dei giorni precedenti la prima guerra mondiale attribuì alla due vittime modenesi del duca Francesco IV. Il fatto non può essere escluso.

Prignano. Monumento agli alpini. Inaugurato nel 2008, in occasione del novantennale dalla fine della prima guerra mondiale. Opera, in stile realistico, dello scultore pavullese Giovanni Ferrari. L'equipaggiamento, con fasce ai piedi e mantellina, è tipico della prima guerra mondiale e, fatto raro nell'epoca attuale, è riprodotto con buona accuratezza storica. Se è in posa per fare il monumento va benissimo. Se sta facendo la sentinella in quest'assetto è "troppo esposto".

Prignano. Installazione monumentale dedicata ai caduti.

Prignano. Lapide monumentale dedicata ai caduti del paese durante la Grande Guerra.

Polinago. Monumento ai caduti. Ricorrente il tema della colonna infranta.

Palagano. Il monumento agli alpini recita "Alpini, uomini semplici che hanno fatto la storia". Opera dello scultore locale Gilberto Martinelli. L'arma del soldato ed il pastrano sembrano suggerire la tenuta e l'equipaggiamento durante la prima guerra mondiale. I calzoni e le calzature no. Le strutture stilizzate in marmo suggeriscono l'ambiente montano.

Monchio. Stele monumentale dedicata ai caduti delle due guerre mondiali. Due crocifissi ed una lapide che recita "Monchio ai suoi gloriosi caduti".

Istallazione in Monchio in piazza, come si vede, "Dei Caduti". La riportiamo in questo testo per testimoniare quanto la fantasia si sia sbizzarrita nell'intento di ricordare chi si era sacrificato per la Patria. Una soluzione empirica risolve il tutto in fontana.

Montefiorino. Installazione dedicata ai caduti della prima guerra mondiale. La statua del soldato sulla sommità di certo immediatamente successiva alla prima guerra mondiale, cui sono evidentemente riconducibili anche i proiettili ai lati, testimonia l'attenzione, tipica di quest'epoca, per la riproduzione puntuale di equipaggiamenti ed uniformi, persa nei frettolosi tempi più recenti.

Farneta. Comune di Montefiorino. Un monumento dall'aspetto saldo e severo ricorda, nei pressi della chiesa, i caduti della Grande Guerra. Il simbolo della pace cristiana, che domina l'installazione, è un appello universale a superare gli odi e le divisioni fra le persone ed è rivolto, come invocazione di sereno riposo, in primis ai poveri morti che l'installazione commemora.

Frassinoro. Un monumento non proprio originale per il tema del tronco di piramide che si alza da un'ara classica e per quello dell'aquila sovrastante, ricorda i caduti della Grande Guerra. Il manufatto, dopo essere stato collocato nel cuore del paese, di fronte al municipio e spostato per comodità del traffico, ha trovato tuttavia, a margine della via, in una sorta di semi-valletta montana un'ambientazione molto romantica e suggestiva. Attualmente è circondato da alcuni cimeli bellici. Non turberanno il riposo dei caduti le voci dei bambini di una vicinissima scuola.

La "Montagna" ricorda caduti e dispersi di tutte le guerre. Nessuno firma, nessuno cerca un cono di visibilità nell'esser citato, fosse pur solo per aver espresso il ricordo. L'ambiente è tutt'uno col bosco.

Piandelagotti. Monumento ai caduti della prima guerra mondiale. L'impianto è non banale per chi pratichi il culto cattolico. Infatti l'assieme è un altare, posto contro il fianco della chiesa che vede, in luogo del tabernacolo, il volto del soldato incorniciato dall'elmo e dalle, meno felici, fronde. La scritta recita "Il popolo di Piandelagotti, con amorosa pietà ricorda a Dio i suoi caduti e dispersi in guerra". Molto suggestivo l'ambiente circostante.

S.Anna Pelago. Monumento ai caduti della I guerra mondiale. La piacevolezza del marmo bianco sostiene la modesta fantasia iconografica dei realizzatori. E' aggraziata l'immagine del fanciullo, (od angelo?), seduto sul basamento. Ovviamente fu inserito successivamente il libro aperto, alla base, a memoria dei caduti della seconda guerra mondiale.

I Monumenti della Patria in Territorio Modenese

Riolunato. Monumento ai caduti della Grande Guerra. Lo sfondo del paesaggio retrostante assolve la retorica dell'assieme. Elemento dirompente la sciabola, arma la meno adatta possibile a ricordare un conflitto tutto combattuto nel fango delle trincee. Evidentemente fu inserita per evocare idee di gloria e di eroiche cavalcate. E' da immaginare che non si consultassero i reduci al momento di dotare il complesso della simbologia che ostenta. Pure elmo e fucile erano coerenti. Enfatico il gesto dell'angelo. Al solito corretti abito ed equipaggiamento del combattente caduto.

di Antonio Mascello

Modena, via Emilia Centro. Portico del palazzo comunale prospiciente la v. Emilia. Lapide dedicata ai caduti delle guerre di indipendenza del 1848, 1849 e 1859. Collocata nel 1862. Puntuale il livello di riproduzione dei fucili ai lati e delle giberne.

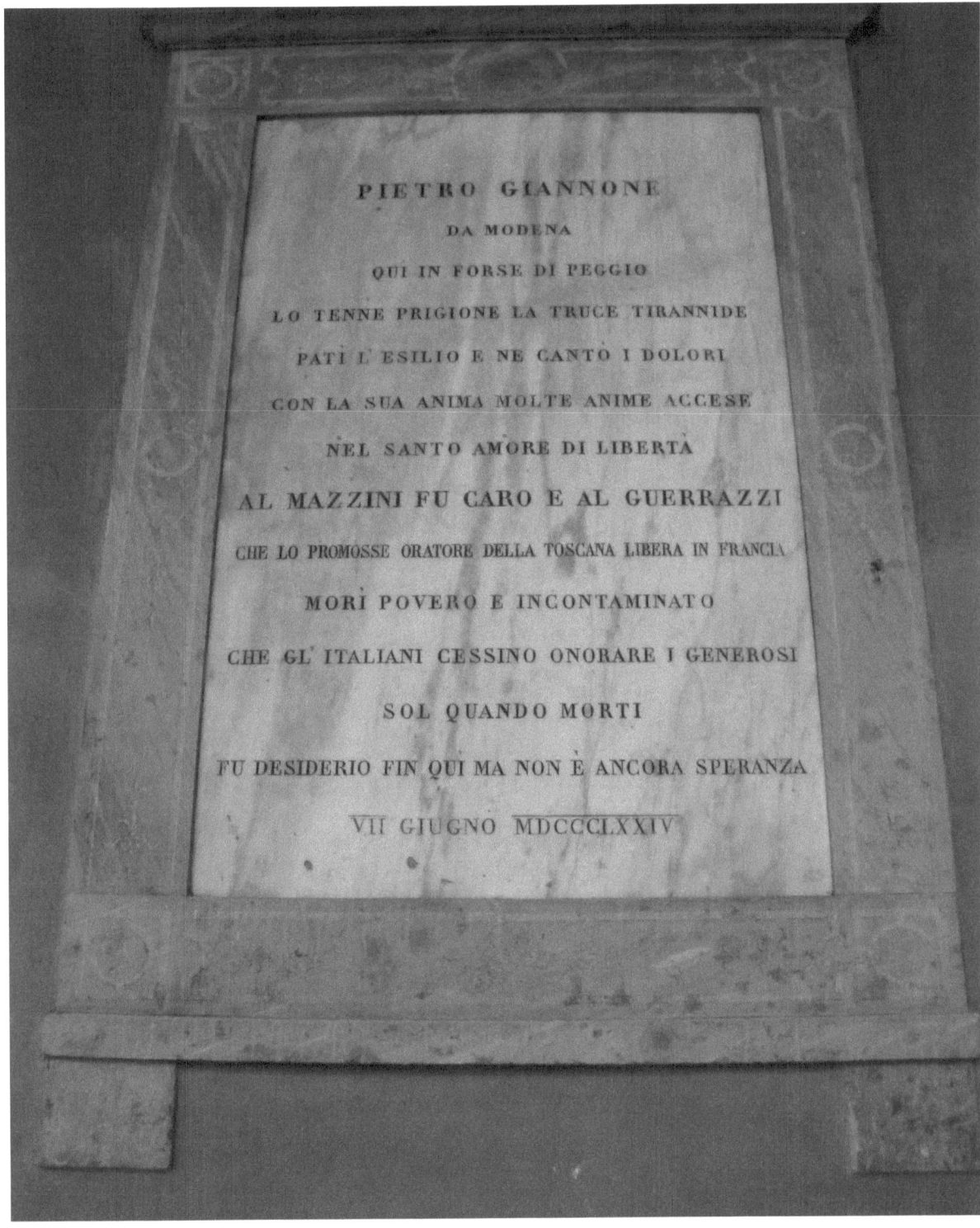

Lapide dedicata a Pietro Giannone, patriota e poeta, (1792-1872). Originario di Camposanto, dove gli hanno dedicata una delle vie più importanti del paese, morto a Firenze dopo una vita tutta trascorsa secondo i canoni del Romanticismo, come carbonaro, esule, soldato e poeta. Morì, anche in ciò coerente a questo stile, povero e negletto. La lapide, collocata nel 1874, ricorda queste caratteristiche della sua esistenza.

Lapide dedicata ai veterani (quelli rimasti vivi...) delle guerre di Indipendenza. Se la dedicarono da soli e la misero in opera sotto il portico del comune di Modena prospiciente la via Emilia, il 2 giugno 1878, (Festa, al tempo, dello Statuto Albertino).

Lapide dedicata ai caduti delle guerre di Indipendenza. E' gemella della prima che ha i fucili ai lati. Questa è ornata, in basso, dalla riproduzione di bombe. Fu ad essa aggiunta perché la terza guerra di Indipendenza, (1866), la battaglia di Mentana, (1867), e la presa di Roma, (1870), avevano dato ad altri nove modenesi il diritto a pubblici onori quali Caduti.

Pavullo. Piazza Cesare Battisti, per molti "Piazza dell'Alpino", dopo l'inaugurazione (1977), del monumento dello scultore pavullese Azeglio Babbini dedicato "Al Cuore Generoso degli Alpini" è divenuta in una delle più care alla popolazione della "capitale della montagna modenese". Il tema del soldato di montagna, molto sentito nel Frignano, e lo stile "classico" dell'opera la hanno fatta accettare senza le divergenze di vedute che spesso accompagnano la messa in opera dei monumenti.

Monumento ai caduti delle guerre, in Rovereto, (territorio di Novi di Modena), opera dello scultore carpigiano Walter Discosti, (1913-2001). La grande struttura, posta in opera nel maggio 1946 è, per la sua incombente presenza, centro e perno, anche urbanistico, dell'intero paese. L'assieme si sforza di trasmettere in senso della sofferenza delle vittime italiane dei conflitti, impegnandosi più nella ricerca del particolare o dell'espressione rivelatori piuttosto che nell'ossequio dei canoni e degli equilibri usuali in rappresentazioni di questo tipo.

Zocca. Piazza dei Martiri. Monumento di Marino Quartieri, scultore modenese, (1917-2002), dedicato ai caduti di tutte le guerre. Il titolo è "Maternità o Morte". L'opera fu installata nel 1975 al cospetto del paesaggio dolce e sereno delle colline modenesi palesemente senza l'obiettivo di allontanare l'inquietudine dall'animo di chi la osservi.

Maserno, area di Montese. Monumento, con funzione di fontana, dedicato ai "caduti di tutte le guerre" alzato nel 1978 dallo scultore reggiano Romano Buffagni. Felice la sintesi fra il tema dell'acqua, con i molti significati che ad essa possono attribuirsi e quello della "Madonna con Bambino", scultura che sovrasta l'assieme, immagine profondamente radicata nel sentire generale in tutto il territorio italiano.

Roccamalatina, territorio di Guiglia. Un cippo, che sorge in piazza Caduti in Guerra, regge lapidi dedicate ai caduti di varie campagne militari. E' sovrastato dalla stilizzazione di una fiamma votiva. Esso testimonia l'impegno di comunità, anche molto piccole, al mantenimento del ricordo, spesso assolto con l'opera di volonterose, spesso volontarie, qualche volta occasionali, maestranze locali.

Pievepelago, monumento ai Caduti della prima guerra mondiale Piazza Vittorio Veneto. Il soldato, opera di Giuseppe Graziosi, (1879-1942), è una molto felice immagine di forza serena. Realismo ed equilibrio di grande compostezza classica.

Modena. Monumento ai caduti del Risorgimento. Opera del 1972 dello scultore modenese Marino Quartieri, (1917-2002). La figura rappresenta la Libertà, con tanto di catene spezzate ai polsi, che si appoggia ad un obelisco. Un tema molto frequente nel XX secolo, tanto da essere normalmente diffuso su manifesti, quadri, persino tessere di partito. A difesa della scelta, in se banale, occorre registrare il fatto che, nel 1942, i fascisti avevano distrutto una precedente statua della libertà, che sorgeva nello stesso luogo, col pretesto di aver bisogno del metallo per ragioni belliche.

Montese. Piazza IV novembre. Monumento ai Caduti. Opera di stile realistico, anche se con qualche cedimento enfatico. Il realismo stesso, tuttavia, non registrato con puntualità le uniformi italiane in uso durante la prima e la seconda guerra mondiale.

Montese, un piccolo, suggestivo sacrario scavato nella roccia che sostiene il locale castello ricorda gli alpini morti in guerra.

Sassuolo. Monumento ai caduti, (1921). Giuseppe Graziosi realizza, in questa occasione, una opera di grande dignità di scuola classica. Il "nudo", così è chiamato a Sassuolo, prescinde, se non per l' insegna, sormontata da una vittoria alata, dal tema stesso per il quale è stato realizzato. In conclusione: si tratta di una bella statua che completa simmetricamente ed arricchisce "Piazza Piccola", il più elegante e composto ambiente della città Teri Sassuolo.

Massa Finalese ai caduti della Grande Guerra. Opera composta, anche se di una certa rigidezza ed un poco enfatica nel gesto, che pure è fatto senza retorica. Puntuale, come sempre la riproduzione dell'uniforme e dell'equipaggiamento dei soldati italiani durante quel periodo.

Carpi. Monumento al carabiniere Salvo D'Acquisto. Immagine suggestiva per il fatto di essere prima ritrattistica che celebrativa. Opera del 1978. Salvo d'Acquisto nulla ha a che vedere con le vicende che hanno portato all'unità del Paese. Ugualmente lo inseriamo quale portatore, per il suo gesto di sacrificare volontariamente la propria vita a salvezza di un gruppo di ostaggi di un alto messaggio universale e quale testimone della dignità dei soldati italiani durante un'ora buia della Patria. Torre di Palidoro, (Roma), 23 settembre 1943.

Sassuolo. Un busto, ancora dedicato al Vice Brigadiere dei Carabinieri Salvo D'Acquisto. Realizzata nel 1998 dalla sassuolese Nella Pini. Al primo impatto sconcertante, ché il soggetto, rigido, sembra in posa per la fotografia. Ad un'osservazione più attenta si legge l'idea del bravo giovane, forse timido, forse impacciato nella divisa, ritto di fronte al proprio dovere. Una immagine vera, come appunto sono, (od erano al tempo del D'Acquisto?), oltre qualche goffaggine di superficie, molte foto di giovani militari alle prime armi.

San Felice sul Panaro, Monumento ai caduti di tutte le guerre. Un elegante piccolo sacrario di gusto neoclassico, Molto curati e pregevoli anche i particolari. E' del 1925. Opera di Aldo Roncaglia, una figura come a volte le terre della "Bassa" esprimono, di eclettica genialità, fu musicista, pittore ed architetto. La cittadina di S. Felice gli ha dedicato una manifestazione biennale d'arte.

S. Felice sul Panaro. Installazione rievocativa, (realizzata nel 2005) alla memoria dei caduti della corazzata Roma. Il monumento sorge in San Felice perché patria dell'ammiraglio medaglia d'oro Carlo Bergamini che il 9 settembre 1943, quale Comandante in Capo delle Forze Navali da Battaglia, lasciò la base di La Spezia per congiungere la Flotta agli Alleati. Perì in mare assieme a 1266 marinai della corazzata Roma a seguito della reazione aerea germanica. La Fregata Multiruolo Carlo Bergamini, della Marina Militare Italiana, perpetua la memoria dell'Ammiraglio. Molto piacevole, nella foto, lo scorcio dello scivolo-giocattolo da bambino. La vicenda dell'Ammiraglio, come quella del Carabiniere D' Acquisto, e quella pure ripresa, che seguirà nelle immagini, del Generale Ugo Ferrero, è estranea alle lotte per l'unità d'Italia. Quella di D'Acquisto è inserita per il valore universale e cristiano del suo messaggio. Le altre due si ricordano come esempi, differenti fra loro, ma che riguardano entrambi il territorio modenese, di persone, che, sole al momento di scelte terribili, mentre furbizia, viltà e menzogna sembravano le uniche scelte universalmente praticate, seppero, di fronte ad un esercito straniero agguerrito e furioso per quello che riteneva "il tradimento italiano", riaffermare, col personale sacrificio, la dignità dei soldati italiani.

I Monumenti della Patria in Territorio Modenese

Sassuolo. Lapide commemorativa della resistenza degli italiani comandati dal Generale Ugo Ferrero (Chieti 13 luglio 1983- Schelkown 28 gennaio 1945), posta all'interno della cancellata dell'ingresso principale del palazzo ducale di Sassuolo. Il combattimento avvenne nella mattinata del 9 settembre 1943 e coinvolse da un lato 50 soldati e 6 ufficiali italiani della Scuola Sottufficiali del Regio Esercito e dall'altro robuste aliquote della divisione corazzata Hermann Goering, (della stimabile consistenza di un battaglione corazzato, c.te Maggiore Schulze).

Cavezzo. Monumento commemorativo ai caduti di tutte le guerre. Il tema del leone, spesso dormiente, è molto frequente nei monumenti a tema bellico, sia in Italia che negli altri paesi occidentali. Scegliamo questo monumento per chiudere la rassegna perché un bel leone combattivo e per nulla rassegnato ci pare di buon auspicio per i destini della nostra Patria: risponde nel modo corretto alle minacce dei nemici dell'Italia e della Libertà.

Modena, autunno del 2011